BEI GRIN MACHT SICH IHR WISSEN BEZAHLT

- Wir veröffentlichen Ihre Hausarbeit, Bachelor- und Masterarbeit

- Ihr eigenes eBook und Buch - weltweit in allen wichtigen Shops

- Verdienen Sie an jedem Verkauf

Jetzt bei www.GRIN.com hochladen und kostenlos publizieren

Bibliografische Information der Deutschen Nationalbibliothek:

Die Deutsche Bibliothek verzeichnet diese Publikation in der Deutschen Nationalbibliografie; detaillierte bibliografische Daten sind im Internet über http://dnb.d-nb.de/ abrufbar.

Dieses Werk sowie alle darin enthaltenen einzelnen Beiträge und Abbildungen sind urheberrechtlich geschützt. Jede Verwertung, die nicht ausdrücklich vom Urheberrechtsschutz zugelassen ist, bedarf der vorherigen Zustimmung des Verlages. Das gilt insbesondere für Vervielfältigungen, Bearbeitungen, Übersetzungen, Mikroverfilmungen, Auswertungen durch Datenbanken und für die Einspeicherung und Verarbeitung in elektronische Systeme. Alle Rechte, auch die des auszugsweisen Nachdrucks, der fotomechanischen Wiedergabe (einschließlich Mikrokopie) sowie der Auswertung durch Datenbanken oder ähnliche Einrichtungen, vorbehalten.

Impressum:

Copyright © 2018 GRIN Verlag
Druck und Bindung: Books on Demand GmbH, Norderstedt Germany
ISBN: 9783346093158

Dieses Buch bei GRIN:

https://www.grin.com/document/512365

Sebastian Ecker

Enterprise Service Management und Digitalisierung. Szenarien für den Kundenservice der Zukunft

GRIN Verlag

GRIN - Your knowledge has value

Der GRIN Verlag publiziert seit 1998 wissenschaftliche Arbeiten von Studenten, Hochschullehrern und anderen Akademikern als eBook und gedrucktes Buch. Die Verlagswebsite www.grin.com ist die ideale Plattform zur Veröffentlichung von Hausarbeiten, Abschlussarbeiten, wissenschaftlichen Aufsätzen, Dissertationen und Fachbüchern.

Besuchen Sie uns im Internet:

http://www.grin.com/

http://www.facebook.com/grincom

http://www.twitter.com/grin_com

Digitalisierung und Enterprise Service Management - Szenarien für den Kundenservice der Zukunft

Hochschule für angewandte Wissenschaften München

Studiengang: Bachelor Wirtschaftsinformatik

Autor: Sebastian Ecker

München, den 25.02.2018

1. Inhaltsverzeichnis

1.	Inhaltsverzeichnis	1
2.	Abbildungsverzeichnis	2
3.	Abkürzungsverzeichnis	2
4.	Einleitung	1
5.	**Enterprise Service Management**	1
5.1.	IT Service Management	2
6.	**Kundenservice**	2
6.1.	Kunden Service Center	2
7.	**Service 4.0**	3
7.1.	VR und AR	4
7.1.1.	VR für die Urlaubsbuchung	5
7.1.2.	VR für den Internetanschluss	6
7.2.	Internet of Things	6
7.2.1.	IoT für die Pkw-Reparatur	7
7.2.2.	IoT für den Lebensmitteleinkauf	8
7.3.	Block Chain und Smart Contracts	8
7.3.1.	Smart Contracts in der Versicherung	9
8.	**Customer-Self-Care**	9
8.1.	CSC: Schadenabwicklung der Autoversicherung	10
8.2.	CSC: Selbstbedienung in Restaurants	10
9.	**Künstliche Intelligenz im Kundenservice**	11
9.1.	KI in der Versicherungsschadenabwicklung	12
9.2.	KI für die PKW-Reparatur	12
9.3.	KI für den Internetanschluss	12
9.4.	KI für den Lebensmitteleinkauf	12
10.	Probleme und Risiken	13
11.	Zusammenfassung	14
12.	Literaturverzeichnis	15

2. Abbildungsverzeichnis

Abbildung 1: Kanäle in Kunden Service Centren 3
Abbildung 2: Absatz von VR-Brillen 2016 bis 2022 5
Abbildung 3: Internet of Things Geräte weltweit 7
Abbildung 4: Nutzer virtueller Assistenten 11

3. Abkürzungsverzeichnis

Abkürzung	Ausführung
AR	Argumented Reality
CSC	Customer Self Care
ESM	Enterprise Service Management
IoT	Internet of Things
ITSM	IT Service Management
KI	Künstliche Intelligenz
KSC	Kunden Service Center
VR	Virtual Reality

4. Einleitung

Die Digitalisierung hat heute alle Geschäftsfelder und alle Bereiche eines Unternehmens erreicht. Manche mehr, manche weniger. Vom Einkauf, über die Produktion bis zum Vertrieb ist IT-Unterstützung nicht mehr weg zu denken. Direkte Kommunikation mit Lieferanten, Onlineportale in denen Kunden administrative Aufgaben selbst ausführen können, nahezu alles erfolgt digital. Der klassische Büroschrank zum Aufbewahren von Ordner existiert zwar noch, ist jedoch meist leer. Überwall ist und wir digitalisiert. Das IT Service Management kümmert sich um IT-unterstütztes Management im Servicebereich eines Unternehmens und das Enterprise Service Management weitet dieses auf alle anderen Bereiche eines Unternehmens aus. Auch den direkten Kundenservice hat die Digitalisierung schon lange erreicht. Viele Kundenkontakte erfolgen nur noch auf technischer, digitaler Ebene und nicht mehr auf persönlicher Ebene. Onlineformulare ersetzen persönliche Gespräche und die Rezensionen auf Vergleichsportalen ersetzen eine persönliche Produktberatung. Die Wünsche der Kunden gehen weg von kompetenter Beratung, hin zu Self-Services. Am liebsten würden die Meisten alles selbst tun, das geht schneller und funktioniert meist komplikationsfreier. Diese Arbeit zeigt Szenarien und Technologien auf, die den Kundenservice der Zukunft ausmachen werden. Zusätzlich wird verglichen, wie sich der Kundenservice im Vergleich zu heute verändern wird und wie er sich in den letzten Jahren bereits verändert hat. Technologien wie Internet of Things, Virtual Reality, oder die künstliche Intelligenz werden heute schon eingesetzt, könnten aber in Zukunft deutlich öfter zu finden sein. Diese Technologien könnten unseren Alltag im Kontakt und im Kundenservice von Unternehmen bestimmen.

5. Enterprise Service Management

Das IT Service Management, das im Kapitel 5.1 beschrieben wird, ist in vielen Unternehmen bereits bestens umgesetzt. Mit dem Enterprise Service Management geht man noch einen Schritt weiter. Im Enterprise Service Management wird das IT Service Management auf weitere Bereiche eines Unternehmens ausgeweitet und der Servicegedanke, IT unterstützt, auch in diesen Bereichen umgesetzt. Das betrifft beispielsweise die Personalabteilung, die eine elektronische Personalakte einführt, oder ein Raumbuchungssystem des Facility Managements.[1] Aus Produkten werden Services, die die Zufriedenheit Vieler steigern sollen.

Dank des Enterprise Service Management werden beispielsweise dem Mitarbeiter, als Kunde der Personalabteilung, viele automatisierte Service-Dienstleistungen angeboten. Er kann direkt über das Intranet seinen Urlaubsantrag einreichen und bekommt schnell eine Zu- oder Absage. Er kann jederzeit seine Gehaltsnachweise einsehen, oder den Betrag zur Entgeltumwandlung selbst verändern. Die Bestellung des Firmenwagens erfolgt ganz einfach über das Intranet und auch sein Betriebshandy bestellt er selbst und bekommt es ganz einfach nach Hause geliefert. Das Enterprise Service Management macht diese Services mögliches, in dem Unternehmensinterne Prozesse auf die Benutzung von passender Software angepasst werden.

---

[1] Vogel Communications Group GmbH & Co. KG.

5.1. IT Service Management

Das „IT-Service-Management [...] bezeichnet die Gesamtheit von Maßnahmen und Methoden, die nötig sind, um die bestmögliche Unterstützung von Geschäftsprozessen [...] durch die IT-Organisation zu erreichen."[2] Das Wort setzt sich zusammen aus der IT, also der Informationstechnik. Dem Wort Service, das in vielerlei Hinsicht benutzt werden kann. In diesem Zusammenhang wird es folgendermaßen definiert. „Ein Service ist eine Möglichkeit, einen Mehrwert für Kunden zu erbringen, indem das Erreichen der von den Kunden angestrebten Ergebnisse erleichtert oder gefördert wird."[3] Das Risiko und die Kosten hierfür trägt das Unternehmen, das den Service anbietet und die Chancen den Kunden zu gewinnen erhöhen sich.[4] Sowie dem Wort Management. Das Management legt Ziele fest und entwickelt Strategien um diese Ziele zu erreichen.[5]

Um das IT Service Management zu unterstützen gibt es eine Bibliothek mit Sammlung von Best Practices namens Information Technology Infrastructure Library, kurz ITIL. Die eine „systematische Einführung in die Förderung der Qualität von IT Services" bietet. Die von mehreren Organisationen gepflegt wird.[6]

6. Kundenservice

Kundenservice dient zum Ausbau von Kundenbeziehungen und bindet Kunden an ein Unternehmen, indem der Kunde gut umsorgt und begeistert wird.[7] Nur durch einen herausragenden Kundenservice ist es möglich Kunden zu begeistern und als Bestandskunden zu gewinnen. Die Digitalisierung sorgt für eine fast vollkommene Markttransparenz. Der Kunde hat einen sehr guten Überblick über die Angebote eines Unternehmens und die Angebote von dessen Konkurrenz. Daher müssen sich Unternehmer vom Markt abheben, um Kunden zu gewinnen. Dies ist möglich durch überragende Produkte, oder noch besser einen überragenden Kundenservice.[8]

6.1. Kunden Service Center

Denkt man an Kundenservice hat jeder ein Kunden Service Center (KSC) vor Augen. Mitarbeiter mit Headsets nehmen mit einem freundlichen Grinsen Kundenanrufe entgegen und bearbeiten die Anliegen der Kunden. Heutzutage bearbeiten Customer Service Center Mitarbeiter jedoch noch eine Vielzahl anderer Anfragen, die sich im Kundenservice der Zukunft noch stärker verändern werden.

Dr. Fried & Partner machten im Jahr 2015 eine Umfrage darüber, welche Kontaktkanäle in Kunden Service Centren bedient werden und wie diese in Zukunft zunehmen werden, Ausschnitte dieser Daten zeigt die Abbildung 1. 60% der Befragt gaben Soziale Netzwerke an, 26% gaben Online Self-Services an, 16% gaben Live/Video Chats an, 14 % gaben Apps an und 100% gaben E-Mail, sowie Telefon an.[9] Diese Umfrage zeigt, dass bereits 2015 viele

---

[2] Wikipedia (17.01.2019).
[3] Van Bon (2010), S. 21.
[4] Van Bon (2010), S. 21.
[5] Haric (2018).
[6] Van Bon (2010), S. 15.
[7] Gouthier (2017), S. 72.
[8] Gouthier (2017), S. 63–64.
[9] Dr. Fried & Partner (2015).

zukunftsorientiertere Kanäle bedient wurden. Im Kundenservice der Zukunft wird sich das umdrehen. Es werden wahrscheinlich die Bereiche Online Self-Services, Video/Live Chat und Apps stark zunehmen und alle anderen Kontaktkanäle überdecken. Vor allem die Self-Services spielen im Kundenservice der Zukunft eine sehr große Rolle und die Bereiche Telefon und Internet werden gegen null gehen.

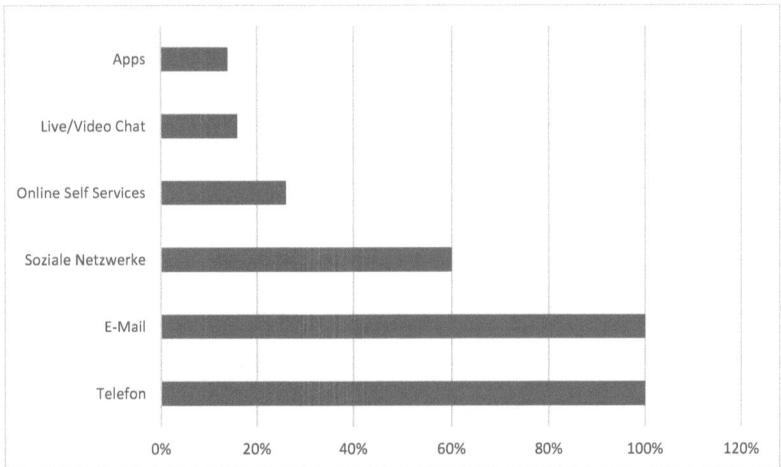

Abbildung 1: Kanäle in Kunden Service Centren[10]

Im Service Center der Zukunft sitzen nur noch wenige Mitarbeiter für die absoluten Ausnahmefälle. Jeder Standartfall kann mit künstlicher Intelligenz gelöst werden. Chat-Bots interagieren mit den Kunden im Live-Chat und den sozialen Netzwerken. Perfekt in die Prozesse integrierte Self-Service Plattformen lassen den Kunden nahezu alle Anfragen selbst ausführen und seine Fragen werden beantwortet. Smartphone Apps bieten ihm alle Funktionen der Self-Service Plattform, damit er von überall interagieren kann. Viele Funktionen übernehmen seine Geräte, die im mit dem Internet verbunden sind, selbst. Virtual Reality unterstützt ihn in schwierigeren Prozessen und sollte all diese Technologie nicht zum Ziel führen, gibt es noch wenige Mitarbeiter. Diese Mitarbeiter lösen das Problem und finden Möglichkeiten das Problem in die automatisierten Prozesse einzubauen.

7. Service 4.0

Ansätze der Industrie 4.0, dem Internet der Dinge im Bereich von Fertigungsmaschinen, haben sich in vielen Produktionsbetrieben bereits etabliert. Maschinen kommunizieren auf direktem Wege miteinander, tauschen Informationen aus und übernehmen die Steuerung gegenseitig. Diagnosedaten werden gespeichert und Wartungsintervalle automatisch berechnet. Schon vor fast 10 Jahren war das ein großes Thema, wie die Zeitung „VDI Nachrichten" in einem Artikel aus dem Jahr 2011 schreibt.[11] Darauf folgt nun der Service 4.0, bei dem Daten auch auf der Ebene von Kundenservices ausgetauscht werden. Verkaufte Endgeräte kommunizieren weiterhin mit dem Hersteller. Beispielsweise könnten teure Hausbesuche von Technikern

---

[10] Dr. Fried & Partner (2015).
[11] Kagermann u.a.

vermieden werden, wenn sich der Techniker direkt auf das defekte Gerät schalten kann und aus der Ferne das Problem lösen.[12] Im Bereich der Personal Computer ist das bereits möglich, aber was wäre, wenn das auch der Kühlschrank, oder der 3D-Drucker kann. Der Endkunde unterstützt den Techniker mit Hilfe seines Smartphones und einer passenden App. Kosten werden eingespart und die Wartezeit für den Kunden extrem verkürzt. Dabei entstehen Kosteneinsparungen von bis zu 90%.[13] Die größte Herausforderung dabei, ist die Vereinheitlichung und Neustrukturierung der Prozesse im Servicebereich von Unternehmen. Aktuell muss hier viel manuell eingegeben werden, es gibt eine Vielzahl verschiedener Anwendung und zu viele Zuständigkeitsbereiche.[14] Im ersten Schritt müssen die Serviceprozesse optimiert werden und passende IT-Softwaresysteme eingesetzt werden. Sind alle Komponenten optimal aufeinander abgestimmt, kann vieles automatisiert werden und man nähert sich dem Service 4.0.

7.1. VR und AR

In Verbindung zu Service 4.0 fallen sehr schnell die Begriffe Virtual Reality (VR) und Argumented Reality (AR), mit deren Hilfe der Service 4.0 Ansatz umgesetzt werden kann. Bei VR wird dem Anwender eine virtuelle Realität geschaffen, in der er aktiv agieren kann. Er nimmt den virtuellen Inhalt war, als wäre es real. Ermöglicht wird das durch VR-Brillen, die dem Anwender einen realitätsnahen, dreidimensionalen Rundumblick ermöglichen.[15] Auch zusätzliche Komponenten wie Schuhe, oder Handschuhe die Bewegungen erkennen können, werden eingesetzt um ein möglichst realitätsnahes Erlebnis zu schaffen. Aktuell ist dieser Markt noch in seinen Anfängen, er wächst aber schnell und immer mehr mögliche Anwendungsbereiche eröffnen sich. Abbildung 2 zeigt den Absatz von VR-Brillen in den Jahren 2016 bis zum Jahr 2022. Im Jahr 2016 lag der Absatz von VR-Brillen noch bei circa 9,4 Millionen Stück, im Jahr 2018 schon bei circa 12,4 Millionen Stück und bis zum Jahr 2022 werden es voraussichtlich circa 68,9 Millionen VR-Brillen sein.[16]

---

[12] Samhammer AG.
[13] Künstler (2017).
[14] Siepe (2017).
[15] Wikipedia (2019b).
[16] IDC (2017).

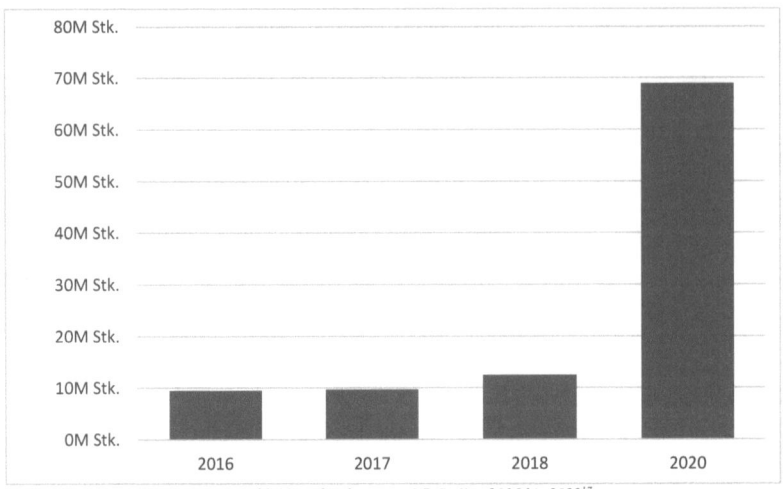
Abbildung 2: Absatz von VR-Brillen 2016 bis 2022[17]

Unter Argumented Reality, auf Deutsch erweiterte Realität, versteht man eine abgeschwächte Form der virtuellen Realität. Dem Anwender wird keine komplette Realität nachgebildet, sondern nur zusätzliche Informationen gegeben, die seine Realität erweitern. Beispielsweise die Anzeige von der Distanz bei der Liveübertragung von Fußball im Fernsehen.[18] Der Nutzer bekommt Details, die er sonst nicht erkennen könnte, oder wissen könnte.

7.1.1. VR für die Urlaubsbuchung

Früher gab es Reisebüros, die mit Hilfe von bebilderten Katalogen versuchten ihren Kunden Reiseziele schmackhaft zu machen. Bereits jetzt schließen immer mehr Reisebüros, da sie durch Reisebuchungswebseiten ersetzt werden. Fast niemand nutzt mehr die Vorteile der persönlichen Beratung für die Reisebuchung. Solche Buchungsportale glänzen mit detaillierten Beschreibungen und zahlreichen Bildern. Kundenbewertungen machen die Entscheidungsfindung einfacher und minimieren das Risiko auf einen Reinfall. Aber so richtig weiß der Kunde trotzdem noch nicht was ihn erwartet. Wie wäre es, wenn man sich das Reiseziel vorab mal kurz ansehen könnte, dann wüsste man genau was einen erwartet. Mit Hilfe von Google Street View ist das schon nahezu möglich, aber die Realität wird noch nicht abgebildet. Durch den Einsatz von VR-Brillen, könnte sich der Kunde von zu Hause aus alle potentiellen Reiseziele ansehen. Er besucht die Webseite eines Reisbuchungsportals, lässt sich geeignete Reiseziele vorschlagen, setzt seine VR-Brille auf und kann sich frei an seinem Wunsch-Reiseziel bewegen. Durch den Hoteleingang laufen, das potentielle Zimmer betreten, oder den Seeblick vom Balkon aus genießen. Den Strand besuchen, oder Sehenswürdigkeiten betrachten. Die individuelle Beratung übernimmt ein kurzes Formular, das die Präferenzen abfragt und dem Interessenten geeignete Reiseziele präsentiert. Früher gab es Reisebüros, die gewählt wurden, weil sie den Service der Beratung verkauft haben. Heute gibt es Buchungsportale, die Reisen verkaufen und die Beratung kommt hier oft zu kurz. In Zukunft

---

[17] IDC (2017).
[18] Wikipedia (2019a).

wählen Kunden das Buchungsportal, oder das Hotel nicht mehr nach dem besten Preis, sondern nach dem besten Service rund um die Suche einer Reise.

7.1.2. VR für den Internetanschluss

In Verbindung zu Service 4.0 ergibt sich folgendes Beispiel für ein Kundenservice-Szenario der Zukunft. Der Kunde eines Telekommunikationsunternehmens der Zukunft braucht keinen Technikereinsatz mehr um seinen neuen Internetanschluss zu aktivieren und das Modem anzuschließen. Er lädt sich eine Software des Internetanbieters auf sein Smartphone, verbindet seine eigene VR-Brille und wird mit dessen Hilfe Schritt für Schritt durch den Aktivierungsprozesses seines neuen Internetanbieters geschleust. Seine VR-Brille zeigt seine eigene Wohnung, durch die er sich bewegt und blendet nützliche Zusatzfunktionen ein. Der Techniker des Unternehmens sitzt in seinem Büro, trägt ebenfalls eine VR-Brille und zeigt dem Kunden was er wann, wie und wo zu tun hat. Dadurch sparen der Kunde und das Unternehmen viel Zeit und Geld. Auch ein 24h Service wäre damit möglich. In noch entfernterer Zukunft könnte sogar der Techniker am anderen Ende durch eine Software, die automatisiert aus Bildern der Wohnung die Telefonanschlüsse erkennt und dem Kunden aufzeigt. Mit Hilfe von künstlicher Intelligenz und den Daten aller Haushalte, könnte eine Software selbst Fälle behandeln, die Abweichungen von einer Standardinstallation eines Telefonanschlusses aufweisen. Erreicht werden kann dies, wenn die Prozesse und die Software für die Aktivierung eines Internetanschlusses optimal aufeinander abgestimmt sind. Der Kundenservice in Verbindung mit künstlicher Intelligenz ist Thema im Kapitel 9.

7.2. Internet of Things

Eine der wichtigsten Technologien, die den Service 4.0 erst möglich macht, ist das Internet of Things, auf Deutsch das Internet der Dinge. Beim Internet der Dinge kommunizieren nicht Menschen miteinander über das Internet, sondern Dinge sind vernetzt und kommunizieren miteinander über das Internet.[19] Heutzutage haben viele elektronische Geräte eine Internetverbindung und tauschen Informationen über das Internet aus. Egal ob der Fernseher, oder das Heizungsthermostat. Nach einer Prognose von Gartner, wie in Abbildung 3 zu sehen ist, wird es im Jahr 2020 über 20.000 Millionen Geräte im Internet of Things Verbund geben. Davon sind knapp 13.000 Millionen Geräte im Besitz von Konsumenten und nur 7.000 Millionen Geräte im Besitz von Unternehmen. Im Jahr 2016 waren es circa 4.000 Millionen Geräte im Besitz von Konsumenten und circa 2.500 Geräte im Besitz von Unternehmen.[20] Bei diesem Anstieg handelt es sich um eine von Gartner prognostizierte Verdreifachung innerhalb von vier Jahren.

---

[19] „IoT (Internet of things) :: Internet der Dinge :: ITWissen.info".
[20] Gartner (2017).

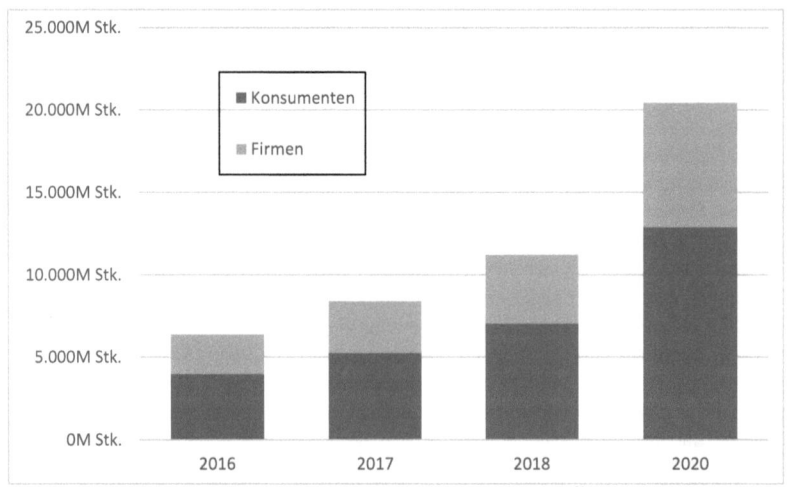

Abbildung 3: Internet of Things Geräte weltweit[21]

Bald wird sich nahezu jedes Gerät zu Hause, in das Heimnetz einloggen und kann dann eine Internetverbindung aufbauen. So bekommt beispielsweise der Hersteller des Backofens anonymisierte Nutzerdaten, oder Informationen über den technischen Zustand des Geräts. Der Besitzer kann sein Gerät über das Internet steuern oder Nutzungsdaten abrufen. Das Beste Beispiel, wie es aktuell bereits funktioniert, ist ein PKW. Der Hersteller bekommt anonymisierte Daten über das Fahrverhalten, den Spritverbrauch, Daten zum Verkehrsfluss für Stauprognosen und Daten über den Wartungszustand des PKW. Der Fahrzeughalter kann sich über eine Smartphone-App dieselben Daten anzeigen lassen. Zusätzlich kann er, wenn er das Auto an einen Bekannten verleiht, jederzeit überprüfen wo sich das Fahrzeug befindet, wie schnell gerade gefahren wird und welche Temperatur das Kühlwasser hat. Bequem vom Sofa aus kann er schon mal das Navigationssystem programmieren oder die Standheizung aktivieren. Durch die Vernetzung von Dingen werden viele neue Möglichkeiten geschaffen und Service 4.0 erst möglich.

7.2.1. IoT für die Pkw-Reparatur

Noch weiter gehen könnte das in der Zukunft. Jedes Fahrzeug hat eine Internetverbindung. Wird wieder mal ein Service fällig, informiert das Fahrzeug seinen Besitzer automatisch per App. Mit Hilfe der gesammelten Nutzungsdaten, den Empfehlungen des Herstellers und den Nutzungsdaten anderer Fahrzeugbesitzer ist dem Fahrzeug genau bekannt, wann ein Ölwechsel fällig wird oder wann die Zündkerzen getauscht werden müssen. Dank künstlicher Intelligenz kann sogar vorhergesagt werden, wenn morgen ein Motorschaden eintreten wird. Über einen Klick in der App wird ein Termin beim gewünschten Vertragshändler vereinbart, der dann den neuen Motor schon bestellt hat. Denn auch dieser bekommt gleich alle Informationen über das Fahrzeug und die notwendigen Wartungen oder Reparaturen übermittelt. Das Auto ist Teil des Internets der Dinge und der Vertragshändler des Fahrzeugherstellers hat seine Prozesse so optimiert, dass er dem Kunden den besten Service bieten kann. Ermöglicht wird das, durch perfekt aufeinander abgestimmte Software, die viele Prozessschritte automatisch ausführen

---

[21] Gartner (2017).

kann. Beispielsweise muss sich um die Ersatzteilbestellung keine Person mehr kümmern. Die Fehlersuche in der Werkstatt fällt weg, die hat das Fahrzeug selbst übernommen. Standzeiten in der Werkstatt werden reduziert, die Werkstatt spart Kosten, der Kunde spart Geld.

7.2.2. IoT für den Lebensmitteleinkauf

Internetfähige Kühlschränke sind zwar noch nicht sehr weit verbreitet, aber es gibt sie. Was wäre, wenn ein Kühlschrank automatisch erkennen könnte, dass etwas fehlt und direkt eine Bestellung an den Supermarkt weiterleitet. Immer mehr lokale Supermärkte bieten Lieferservices an. Würden diese Services automatisiert mit Hilfe des Internetfähigen Kühlschranks abgewickelt, wäre es ein entscheidender Mehrwert für den Kunden. Der Kühlschrank erkennt, dass die Butter zu Ende ist und das letzte Ei aus dem Eier-Fach genommen wurde. Die Milch ist fast aufgebraucht und das Gemüsefach nahezu leer. Der Kühlschrank sammelt diese Informationen und erstellt eine Einkaufliste, die er an die dazugehörige Smartphone-App sendet. Der Besitzer muss nur noch sein Smartphone aus der Tasche ziehen, kurz auf „Einkaufen" drücken und die Bestellung geht an den, in den Einstellungen hinterlegten, Supermarkt raus. Innerhalb von einer Stunde wird es nach Hause geliefert und die Bezahlung erfolgt vollautomatisch per PayPal. Der Supermarkt hat voll IT-unterstützte Prozesse und der internetfähige Kühlschrank ist das Internet of Things Objekt. Kombiniert man diese Beiden miteinander, erhält man einen nie dagewesenen Kundenservice.

7.3. Block Chain und Smart Contracts

Ein Artikel der Zeitschrift von Informatik Spektrum von T. Meitinger beschrieb Smart Contracts wie folgt.[22] Um Online ein Produkt zu erwerben benötigt man immer eine vertrauenswürdige Instanz, wie beispielsweise eine Kauf-Plattform. Mit der Technologie der Block Chain in Verbindung mit Smart Contracts könnte das vermieden werden. Eine Blockchain besteht aus einer Kette durchgeführter Transaktionen. Sobald eine neue Transaktion durchgeführt wird, wird sie dieser Kette angehängt. Zwischen den Teilnehmern wird jedes Mal die gesamte Block Chain, also die gesamte Kette übergeben. Da jeder Teilnehmer alle Daten hat, können die Daten nicht gefälscht oder verändert werden. Würde mal ein Datum verändern, viele es sofort auf, da man niemals bei allen Teilnehmern die Daten ändern könnte. Block Chains sorgen also für Sicherheit und Smart Contracts sind intelligente Verträge, die definierte Regeln und Rahmenbedingungen umsetzen. Somit wird sicher für die Einhaltung und korrekte Umsetzung von Verträgen gesorgt.

Schließt man beispielsweise einen Kredit ab und muss monatlich 500 EUR tilgen, müsste man bislang monatlich 500 EUR überweisen, oder abbuchen lassen. Beides könnte der Schuldner einfach unterbrechen und würde somit den Kreditvertrag brechen. Ein Smart Contract würde die Überweisung voll automatisiert abwickeln und niemand könnte sie abbrechen, oder verhindern.

---

[22] Meitinger.

7.3.1. Smart Contracts in der Versicherung

Die AXA bietet als erster Versicherer eine Versicherung an, die Smart Contracts nutzt. Sobald ein gebuchter Flug eine Verspätung von mehr als zwei Stunden hat, bekommt der Kunde, dank Smart Contracts, automatisch eine Entschädigung.[23] Das könnte auch in vielen anderen Versicherungssparten Anwendung finden. In der Autoversicherung ergeben sich viele Pflichten für Versicherer und Versicherungsnehmer. Wegen der Versicherungspflicht in Deutschland müssen existierende Autoversicherung bei der Zulassungsstelle gemeldet werden. Schäden werden direkt mit Werkstätten abgerechnet und der Versicherungsnehmer muss Versicherungsprämien bezahlen. Mit Hilfe von Smart Contracts könnten einige dieser Pflichten automatisiert werden. Die Werkstatt, die Versicherung und der Kunde müssen nach einem Schadenfall gewisse Pflichten erfüllen. Der Kunde muss den Schaden melden und den Schadenhergang schildern, die Werkstatt muss einen Kostenvoranschlag erstellen, das Fahrzeug reparieren und einen Mietwagen bereitstellen, die Versicherung muss die Kosten begleichen. Smart Contracts würden alle beteiligten auf einer Plattform vereinen und die Abwicklung vereinfachen.

8. Customer-Self-Care

Schon lange etabliert ist die Selbstbedienung, die im klassischsten Sinne im Supermarkt oder in Fast-Food-Restaurants zu finden ist. Der Kunde geht durch das Geschäft, stellt sich seine Artikelauswahl selbst zusammen und bezahlt anschließend an der Kasse.[24] Dieses System hat die Verkäufer hinter der Ladentheke eines kleinen Lebensmittelgeschäfts schon lange abgelöst. Auch die Selbstbedienung in Restaurants, nicht nur in den Restaurants von Fast-Food-Ketten, ist keine Seltenheit mehr. Restaurantketten wie Vapiano zeigen, dass Selbstbedienung auch funktionieren kann, wenn sie außerhalb eines klassischen Fast-Food-Restaurants angeboten wird.

Mit der englischen Übersetzung der Selbstbedienung, dem Wort Self-Service, verbinden wir etwas komplett anderes. Hier hat man nicht den Supermarkt vor Augen, bei dem man durch die Regale läuft und sich seine Artikel zusammenstellt, sondern denkt an „IT-gestützte Self-Services".[25] Das bedeutet, dass der Kunde Serviceaufgaben eines Anbieters selbst ausführen kann, wenn der Anbieter eine geeignete Schnittstelle dafür bereitstellt.[26] Somit ist es heutzutage fast alltäglich, dass man als Endkunde gewisse administrative Aufgaben selbst übernimmt, sich Angebote eigenständig online berechnet, oder die gekauften Softwareprodukte selbst herunterlädt.[27] Beispielsweise den Handyvertrag online zu verlängern oder zu kündigen, die Autoversicherung selbst zu berechnen und abzuschließen und den Versicherungs-Schaden bei der online zu melden. Mit dem Begriff Self-Service verbinden wir eine Fähigkeit, Dinge selbst auszuführen, die eigentlich Aufgabe des Service-Anbieters wären. Das ermöglicht dem Kunden eine Zeit- und Nervenersparnis, bedeutet für den Anbieter meist eine Kostenersparnis und steigert somit die Kundenzufriedenheit. Aus dem Self-Service wird Self-Care, was bedeutet, dass der Kunde zunehmend mehrere Aufgaben selbst übernehmen wird. Sich sozusagen selbst kümmern. Damit das ermöglicht wird, kommen die Ideen des Service 4.0 zum Einsatz, die im

---

[23] CIO (2018).
[24] Lohse (2016), S. 867.
[25] Lohse (2016), S. 869.
[26] Lohse (2016), S. 869.
[27] Keuper / Hogenschurz (2008), S. 256.

Kapitel 7 erläutert werden. Im Folgenden zwei mögliche Szenarien eines Customer-Self-Care Prozesses der Zukunft.

8.1. CSC: Schadenabwicklung der Autoversicherung

Customer-Self-Care Szenarien in der Zukunft können noch viel weiter gehen. Heute berechnen wir unsere Autoversicherung zwar selbst und geben Versicherungsschäden in Online-Masken ein, am anderen Ende sitzt jedoch immer noch ein Mitarbeiter, der den Antrag bearbeitet und einen Vertrag daraus werden lässt. Auch der selbst eingegebene Versicherungsschaden wird von einem Mitarbeiter der Schadenabteilung geprüft und dann genehmigt oder abgelehnt. Dieser Mitarbeiter stößt anschließend die Überweisung der Entschädigungszahlung an, die ein Mitarbeiter der Buchhaltung noch freigeben muss.

In einem Customer-Self-Care-Szenario der Zukunft gibt es diese Zwischenschritte nicht mehr. Eine Eingabemaske für Versicherungsschäden ist dann so konzipiert, dass der Kunde der Versicherungsgesellschaft keinerlei fehlerhafte Eingaben mehr machen kann. Das Auto des Geschädigten und des Unfallverursachers hat den Schadenzeitpunkt und den Schadenort bereits an die Versicherung weitergegeben, die Ampeln und Verkehrsüberwachungssysteme haben diese Daten bestätigt und alle Unfallbeteiligten geben den Schadenhergang in eine Smartphone-App ein. Gibt es Zeugen, so wird deren Aussage ebenfalls in der App hinterlegt. All diese Daten gehen direkt an einen Cloud-Dienst, der die Aussagen miteinander vergleicht, den Unfallverursacher ermittelt und die Zahlung bei der Versicherungsgesellschaft des Unfallverursachers anweist. Zur Ermittlung des Schuldigen, kommt künstliche Intelligenz zum Einsatz, die im Kapitel 9 näher erläutert wird.

8.2. CSC: Selbstbedienung in Restaurants

Nicht ganz ein Szenario der Zukunft, da heute schon in schwächerer Ausprägung zu finden ist die IT unterstützte Selbstbedienung in Restaurants. Seit kurzem gibt es einige Restaurants, die auf jedem Tisch ein eingelassenes Tablet installiert haben. Mit Hilfe dieses Tablets kann der Gast, ohne seinen Tisch verlassen zu müssen, eine Bestellung aufgeben. Das installierte Tablet beinhaltet die gesamte Speisekarte in der Art eines Shopsystems, bei dem sich der Gast sein Menü zusammenstellen kann. Anschließend bestätigt er seine Zusammenstellung, die direkt an die Küche geschickt wird. Eine Bedienung bringt die Bestellung anschließen den Tisch. Am Eingang erhält man eine Karte, auf der die Bestellungen gespeichert werden und am Ausgang an der Kasse bezahlt werden müssen.

Ein Szenario der Zukunft könnte genauso aussehen, nur dass diese Restaurants keine Exoten mehr sind. Zusätzlich könnte auch die Bezahlung als Self-Service erledigt werden. Der Gast bestellt sein Essen per Tablet, hält seine EC-Karte mit berührungsloser Bezahlfunktion an das Display und die Bestellung wird direkt von seinem Konto abgebucht. Sobald sein Essen zubereitet wurde, wird es an den Tisch gebracht. In günstigeren Restaurants erhält der Gast eine Meldung auf seinem Display und er kann sich seine Bestellung an der Servicetheke abholen. Ermöglicht wird das, indem die It-Systemlandschaft des Restaurants optimal auf die Prozesse des Restaurants abgestimmt ist. Umgekehrt sind auch die Prozesse des Restaurants optimal auf die Prozesse des It-Systems abgestimmt.

9. Künstliche Intelligenz im Kundenservice

Künstliche Intelligenz ist heute keine Zukunft mehr, sondern allgegenwärtig. Sobald eine Webseite besuch wird, die Werbung anzeigt, ist man bereits mit künstlicher Intelligenz konfrontiert.[28] Big Data sammelt unsere Nutzerdaten und mittels künstlicher Intelligenz werden sie ausgewertet. Der Besucher bekommt Vorschläge von Produkten, die ihm gefallen könnten. Ermittelt werden diese Produktvorschläge indem die Daten von Personengruppen verglichen werden, die ähnliche Merkmale aufweisen. Sobald einer Person ein Produkt gefällt, könnte das gleiche Produkt auch anderen Personen mit ähnlichen Interessen gefallen. Auch im Bereich virtueller Assistenten wird künstliche Intelligenz eingesetzt. Eine Studie von Tractica wertete im Jahr 2016 aus, wie viele Menschen weltweit virtuelle Assistenten nutzen, das zeigt die Abbildung 4. Bereits im Jahr 2018 nutzten circa 1.000 Millionen Menschen virtuelle Assistenten und diese Zahl wird bis zum Jahr 2020 auf circa 1.600 Millionen steigen.[29]

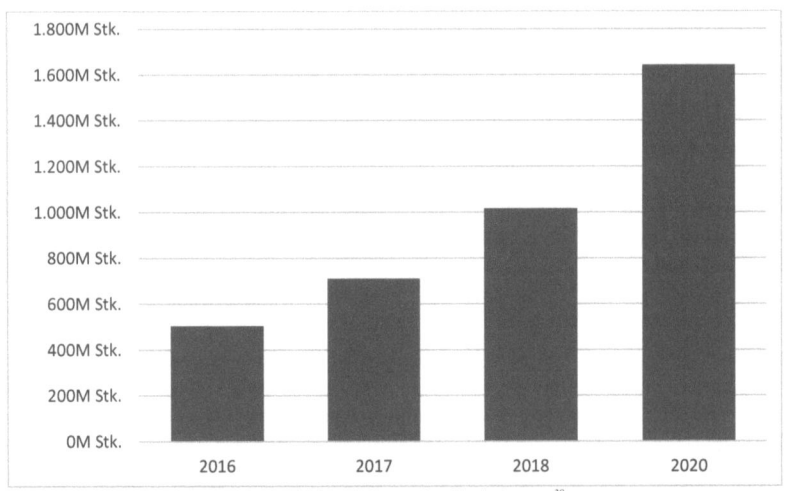

Abbildung 4: Nutzer virtueller Assistenten[30]

Mit künstlicher Intelligenz wird versucht Menschlichkeit, also menschliches Denken und Handeln nachzubilden, oder anders gesagt: „Es ist der Versuch, ein System zu entwickeln, das eigenständig komplexe Probleme bearbeiten kann."[31] Big Data sammelt Daten und künstliche Intelligenz wertet diese Daten aus. Künstliche Intelligenz besteht aus nichts anderem als Algorithmen, die Zusammenhänge in gesammelten Daten finden und daraus Rückschlüsse ziehen können. Teilweise werden so Rückschlüsse gefunden, die ein Mensch allein, niemals hätte finden können. In Verbindung mit Enterprise Service Management ergeben sich viele mögliche Szenarien, für die man künstliche Intelligenz einsetzen könnte. Für viele, bereits in dieser Arbeit beschriebene Beispiele, ist der Einsatz künstlicher Intelligenz sogar unverzichtbar.

---

[28] Wittpahl (2019), S. 7.
[29] Tractica (2016).
[30] Tractica (2016).
[31] Wittpahl (2019), S. 21.

9.1. KI in der Versicherungsschadenabwicklung

Das, im Kapitel 8.1 beschriebene, Beispiel der Schadenabwicklung in der Autoversicherung würde ohne künstliche Intelligenz nicht funktionieren. Internet of Things, also die Autos stellen alle möglichen Informationen bereit, die durch menschliche Aussagen ergänzt werden. Big Data sorgt für die Anreicherung der Informationen durch bereits abgeschlossene, ähnliche Vorkommnisse. Die künstliche Intelligenz verknüpft all diese Informationen, findet Zusammenhänge heraus und kommt zu einem Entschluss, sie findet einen Schuldigen. Die Schadenabteilung einer Versicherung besteht nur noch aus Informationssystemen und der Kundenservice besteht aus einer schnellen, reibungslosen, nicht manipulierbaren, fairen Schadenabwicklung.

9.2. KI für die PKW-Reparatur

Auch das Beispiel aus Kapitel 7.2.1 setzt künstliche Intelligenz ein. Jedes Fahrzeug auf der ganzen Welt misst permanent mit der eingebauten Sensorik Motortemperatur, Druck, Abgase, usw. All diese Daten werden zentral in einer noSQL Datenbank gespeichert und dank künstlicher Intelligenz können diese Daten kombiniert werden. Somit findet sie Zusammenhänge heraus, die niemals ein Mensch hätte herausfinden können. Beispielsweise sieht sie einen Zusammenhang zwischen allen, bei sämtlichen Fahrzeugen, eingetretenen Motorschäden und kann deshalb genau voraussagen, wann ein Motorschaden eintreten wird. Herangezogen werden dabei nicht nur Indizien, wie die Motortemperatur, der Ladedruck oder der Ölstand, sondern auch alles andere. Wann wurde zuletzt ein Service durchgeführt und was wurde dabei gemacht? Wie stark beschleunigt der Fahrer, wie schnell fährt er und lässt er den Motor erst warm werden? Künstliche Intelligenz ist in der Lage herauszufinden, wie sich das Fahrvergalten auf die Wahrscheinlichkeit einen Motorschaden zu bekommen auswirkt.

Die Kundenserviceabteilung einer Kfz-Werkstatt ist deshalb in der Lage ihren Kunden zu informieren, kurz bevor ein Motorschaden eintreten wird. Der Kunde spart sich Geld, Ärger und Zeit, da die Reparatur vielleicht günstiger ausfällt und die Werkstatt at einen zufriedenen Kunden gewonnen. Ermöglicht wird das durch die Kombination eines optimalen Enterprise Service Managements mit den Fähigkeiten der künstlichen Intelligenz.

9.3. KI für den Internetanschluss

Im Kapitel 7.1.2 wurde der Einsatz von VR-Brillen für die Einrichtung des Internetanschlusses beschrieben. Auch das wäre in seiner extremsten Form nicht ohne künstliche Intelligenz möglich. Eine Kamera auf der VR-Brille scannt die Wohnung und leitet diese Daten weiter. Algorithmen der künstlichen Intelligenz vergleichen diese Daten mit allen Daten sämtlicher Haushalte und zeigen dem Anwender seine Telefondose. Egal welche Telefondose verbaut wurde, oder wie alt diese ist, in irgendeinem Haushalt existiert genau das gleiche Prinzip an genau der gleichen Stelle. Deshalb sind diese Algorithmen in der Lage dazu, dem Anwender genau zu beschreiben, was zu tun ist.

9.4. KI für den Lebensmitteleinkauf

Kombiniert man das Einkaufsbeispiel aus Kapitel 7.2.2 mit künstlicher Intelligenz, könnte diese zusätzlich für eine ausgewogene Ernährung sorgen. Eine weitere Dienstleistung der Supermarktkette für Ihre Kunden, könnte die Kopplung des eignen Einkaufsverhaltens mit dem Millionen Anderer und allen wissenschaftlichen Erkenntnissen zum Thema ausgewogene

Ernährung sein. Sobald der Kühlschrank erkannt hat, dass Lebensmittel fehlen, geht eine Information an den Supermarkt heraus. Dessen künstliche Intelligenz stellt mit Hilfe aller verfügbaren Daten eine Einkaufsliste zusammen, die eine gesunde und abwechslungsreise Ernährung unterstützt und die Lebensmittel werden dem Kunden zugestellt.

10. Probleme und Risiken

Der Kundenservice der Zukunft ist bestimmt von Automatisierung und neuen Technologien. Der Faktor Mensch und damit viele Arbeitsplätze gehen immer mehr verloren. Klassische Berufe, wie ein Mitarbeiter an der Supermarktkasse, die Mitarbeiter einer Versicherungsabteilung, oder die Restaurantkellner wird es nicht mehr geben. Stattdessen verlagern sich die Berufe hin zu anderen Schwerpunkten. Alles läuft durch perfekt optimierte Prozesse automatisiert ab. Niemand setzt mehr Personal ein, um den Kundenkontakt herzustellen und zu beraten. Trotzdem bleibt Personal notwendig. Auch noch so, scheinbar perfekte, Prozesse sind nicht für die Ewigkeit gemacht. Sie müssen überarbeitet, ausgeweitet, oder neu entwickelt werden. Der Mitarbeiter der Zukunft verwaltet Prozesse und Strukturen. Entwickelt Software und kontrolliert automatisierte Verfahren.

Ein weiteres Problem könnte die Hardware sein. Um die in dieser Arbeit beschriebenen Szenarien zu realisieren ist einiges an Hardware notwendig, die teilweise der Kunde selbst besitzen muss. Um den Internetanschluss mittel VR-Brille selbst zu übernehmen, oder eine Urlaubsreise zu buchen, braucht man eine VR-Brille. Für die automatisierte Kommunikation mit der Werkstatt benötigt man ein neues Fahrzeug, das internetfähig ist. Nicht jeder hat diese Ausstattung, oder kann sich diese Ausstattung leisten. Somit müssen weiterhin alternative, manuelle Prozesse gewährleistet werden.

11. Zusammenfassung

Der Kundenservice ist im Wandel und könnte in Zukunft stark IT-unterstützter ablaufen als wir es heute schon kennen. Aus der Industrie 4.0 wird der Service 4.0, der moderne Techniken und automatisierte Prozesse in die Servicebereiche von Unternehmen integriert. Alle Geräte haben eine Internetverbindung, kommunizieren miteinander und dem Kunden werden mit Hilfe von Virtual Reality und Argumented Reality neue Erlebnisse geboten. Egal ob für die Urlaubsbuchung oder die Einrichtung des Internetanschluss, das Internet of Things, Virtual Reality und die künstliche Intelligenz sorgen dafür, dass viele bisherige Grenzen überwunden werden können. Block Chains und Smart Contracts sorgen für noch mehr Automation. Interessant vor allem für Versicherungsunternehmen. Mitarbeiter bekommen andere Funktionen und dem Kunden wird vieles geboten. IT-unterstützte automatisierte Prozesse bestimmen den Alltag im Kundenservice. Die Selbstbedienung nimmt neue Formen an, Kunden können nahezu alle Dienstleistungsangebote eines Unternehmens selbst durchführen. Für die Schadenabwicklung im Versicherungsbereich, oder die Selbstbedienung in Restaurants, könnte in Zukunft deutlich weniger Personal nötig sein. Vielleicht erwartet uns eine Zukunft aus perfekt abgestimmten Prozessen, die durch eine Vernetzung sämtlicher Geräte vollautomatisch ausgeführt werden. Mitarbeiter sorgen nur noch für die Optimierung dieser Prozesse und integrieren Randfälle ebenfalls in die automatisierten Strukturen. Jede Veränderung birgt Gefahren, der Faktor Mensch könnte in Zukunft eine unwichtigere Rolle spielen und viele Arbeitsplätze gehen verloren. Die Zukunft zeigt, wie es sich auswirken wird und ob die, in dieser Arbeit ausgeführten Szenarien wirklich eintreten.

12. Literaturverzeichnis

CIO (2018): CIO, „Smart Contracts von Ethereum: Axa startet erste Blockchain-Versicherung" https://www.cio.de/a/axa-startet-erste-blockchain-versicherung,3563749.

Dr. Fried & Partner (2015): Dr. Fried & Partner, „Customer Service: Aktuell bediente und zukünftige Kontaktkanäle 2015 | Umfrage" https://de.statista.com/statistik/daten/studie/499494/umfrage/umfrage-zu-kundenkanaelen-im-deutschen-customer-service/.

Gartner (2017): Gartner, „Internet der Dinge - Anzahl vernetzter Geräte weltweit bis 2020 I Prognose" https://de.statista.com/statistik/daten/studie/537093/umfrage/anzahl-der-vernetzten-geraete-im-internet-der-dinge-iot-weltweit/.

Gouthier (2017): M. Gouthier, Service Design. Innovative Services und exzellente Kundenerlebnisse gestalten, Baden-Baden 2017.

Haric (2018): P. Haric, „Definition: Management" https://wirtschaftslexikon.gabler.de/definition/management-37609/version-261043.

IDC (2017): IDC, „Virtual Reality - Prognose zum Absatz von Virtual-Reality- und Argumented-Reality-Brillen weltweit von 2016 bis 2022" https://de.statista.com/statistik/daten/studie/539653/umfrage/prognose-zum-absatz-von-virtual-reality-hardware/.

„IoT (Internet of things) :: Internet der Dinge :: ITWissen.info" https://www.itwissen.info/Internet-of-things-IoT-Internet-der-Dinge.html.

Kagermann u.a.: H. Kagermann / W.-D. Lukas / Wahlster Wolfgang, „Industrie 4.0: Mit dem Internet der Dinge auf dem Weg zur 4. industriellen Revolution", VDI Nachrichten 2011, S. 2.

Keuper / Hogenschurz (2008): F. Keuper / B. Hogenschurz, Sales & Service. Management, Marketing, Promotion und Performance, Wiesbaden 2008.

Künstler (2017): D. Künstler, „Kundendienst 4.0 in der Industrie" https://www.funkschau.de/telekommunikation/artikel/144992/1/.

Lohse (2016): M. Lohse, Von der Selbstbedienung zum Self-Service – Wege zur Integration von Prozessbeteiligten, Wiesbaden 2016.

Meitinger: T. H. Meitinger, „Smart Contracts", Informatik Spektrum, S. 371–375.

Samhammer AG: Samhammer AG, „Konzept des Service 4.0 entwickeln und implementieren" https://www.samhammer.de/consulting/service-4-0/.

Siepe (2017): D. Siepe, „Innosoft - Digitalisierte Einsätze im Service 4.0" https://innosoft.de/index.php/de/informationen/584-digitalisierte-einsaetze-im-service-4-0.

Tractica (2016): Tractica, „Nutzung von virtuellen digitalen Assistenten weltweit bis 2021 | Statistik" https://de.statista.com/statistik/daten/studie/620321/umfrage/nutzung-von-virtuellen-digitalen-assistenten-weltweit/.

van Bon (2010): J. van Bon, ITIL V3. Das Taschenbuch, Zaltbommel 2010.

Vogel Communications Group GmbH & Co. KG: Vogel Communications Group GmbH & Co. KG, „Von ITSM zum Enterprise Service Management" https://www.datacenter-insider.de/von-itsm-zum-enterprise-service-management-a-568361/.

Wikipedia (2019a): Wikipedia, „Erweiterte Realität" https://de.wikipedia.org/w/index.php?oldid=183988218.

Wikipedia (2019b): Wikipedia, „Virtuelle Realität" https://de.wikipedia.org/w/index.php?oldid=184377029.

Wikipedia (17.01.2019): Wikipedia, „IT-Service-Management" https://de.wikipedia.org/w/index.php?oldid=178851659.

Wittpahl (2019): V. Wittpahl (Hg.), Künstliche Intelligenz. Technologie, Berlin, Heidelberg 2019.

BEI GRIN MACHT SICH IHR WISSEN BEZAHLT

- Wir veröffentlichen Ihre Hausarbeit, Bachelor- und Masterarbeit

- Ihr eigenes eBook und Buch - weltweit in allen wichtigen Shops

- Verdienen Sie an jedem Verkauf

Jetzt bei www.GRIN.com hochladen und kostenlos publizieren